Ch.Fr. Grimmer

Abbildungen von Dresdens alten und neuen Pracht-Gebäuden, Volks- und Hof-Festen

Ch.Fr. Grimmer

Abbildungen von Dresdens alten und neuen Pracht-Gebäuden, Volks- und Hof-Festen

ISBN/EAN: 9783944822440

Auflage: 1

Erscheinungsjahr: 2013

Erscheinungsort: Dresden, Deutschland

ABBILDUNGEN

von

Dresdens alten und neuen

Pracht-Gebänden,
Volks- und Hof-Festen.

Als Kupferheft

zur

Chronik der Königl. Sächs. Residenz-Stadt Dresden und des Sammlers für Geschichte und Alterthum, Kunst und Natur im Elbthale.

DRESDEN,

in der Ch. Fr. Grimmerschen Buchhandlung.

1835.

ANSICHT DER STADT DRESDEN IM XVII⁼ᵗᵉⁿ JAHRHUNDERT. NACH J. SCHOLLENBERGER.

DAS DRESDNER RESIDENZ-SCHLOSS DER ALTEN MARGGRAFEN ZU MEISSEN
IM XIV JAHRHUNDERTE.

Die alte evangelische Schlosscapelle.

ANSICHTEN VON ALT U. NEU DRESDEN 1648.

DER NEUMARKT MIT DER ALTEN FRAUENKIRCHE UND DEM PULVERTHURME MDCLXXXVI.

Nach Zichter.   B. Schmidt jc.

DIE ALTE KREUZ KIRCHE IM JAHR 1686.

EHEMALIGE KÖNIGL. HOFCAPELLE IM BALLHAUSE.

KLOSTER DER BARFÜSSER MÖNCHE.

DAS SALOMONSTHOR.

CHOR DER ALTEN KREUZKIRCHE.

INNERE ANSICHT DER EHEMALIGEN PFARRKIRCHE ZU NEUSTADT. DRESDEN.

AM STALLGEBÄUDE 1679.

DAS ZIEGEL-THOR.

DIE FRAUENKIRCHE

nach einer frühern Zeichnung des Baumeister Bähr.

ANSICHT VON DRESDEN 1854.

INNERE ANSICHT DER SOPHIEN-ODER SCHLOSSKIRCHE 1855.

ANSICHT EINES THEILS DES NEUMARKTS MIT DEM GEWANDHAUSE 1750.

INNERE ANSICHT DER GEIST ODER DES H. BARTHOLMÄUS KIRCHE.

ANSICHT DER ÄLTESTEN HEILIGEN DREY KÖNIGSKIRCHE.

Wurde bei dem Brande von Neustadt 1685 mit in Asche gelegt.

DER RIESENSAAL IM DRESDNER SCHLOSSE 1678.

Innere Ansicht des Reithauses 1709.

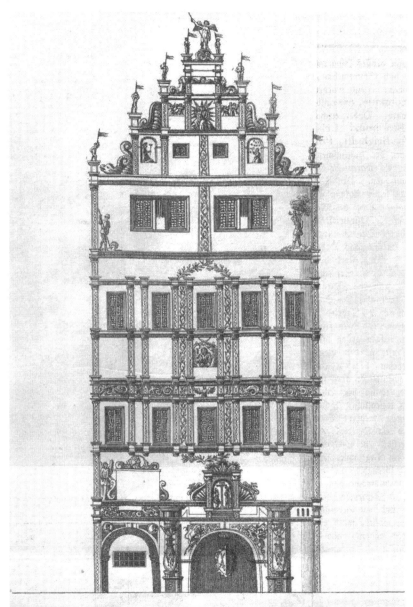

DAS ALTE, ODER VON HERZOG GEORGEN ERBAUTE SCHLOSS
ZU DRESDEN.

DIE EHEMALIGE HAUPTWACHE AUF DEM NEUMARKTE 1750.

ENTWURF ZU EINEM NEUEN SCHLOSSGEBÄUDE.

ANSICHT VON DER ELBE 1836.

ZU EHREN DER VER
BINDUNG CARLS UND
AMALIENS DES KOE-
NIGS UND DER KOeNI-
GINN BEIDER SCHLE...

DER ALTMARKT AM 8ten MAI 1738.

BELAGERUNG VON DRESDEN 1760.

DER EHEMALIGE TÜRKISCHE GARTEN 174 .

DAS EHEMALIGE WILSDRUFER THOR.

DAS INNERE DES EHEMALIGEN WILSDRUFER THORES.

DIE JUNGFERNBASTEI D. 22. SEPTB. 1747.

DIE JUPITERBASTION.

DAS KUFENHAUS.

DAS WILSDRUFFER THOR,
VOR DER DEMOLIERUNG Aº 1811.

ANSICHT DER NEUSTADT v. J. 1750.

AVGVSTVS II REX POLON· ELECT· SAXON·

URBI RENOVATÆ
M DCC XXXII

APPARATVS BELLICVS
MDCC......

MILITIBVS
M DCCXXXII

ENTWÜRFE ZU MEDAILLGEN AUF AUGUST II.

Der Altmarkt 1732.

DER VON DEN BÄCKERGESELLEN IN DRESDEN I. J. 1827 GEHALTENE AUFZUG.

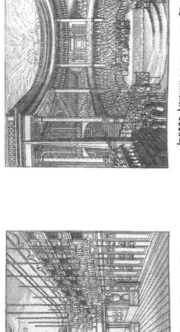

INNERE ANSICHT DES GROSSEN OPERNHAUSES 1807.

INNERE ANSICHT DER HIESIGEN BÜHNE DES ALTEN BALLHAUSES 1664.

ANSICHT DES HOFTHEATERS 1856.

THEATER AUF DEM BADE BEI DRESDEN.

DER DURCH EINEN BLITZSCHLAG AM 29 APRIL 1669 ZERSTÖRTE THURM
DER EHEMALIGEN ALTEN KREUZKIRCHE

ANGRIFF DER VERBÜNDETEN AUF DIE AUSSENWERKE VON DRESDEN
D. 26 AUGUST 1813.

MOREAUS TOD AM 27 AUGUST 1813.

DIE KAPELLE DES BARTHOLOMÄI HOSPITALES U. D. ANNENKIRCHE VOR DEM JAHRE 1822.

DAS EHEMALIGE WEISSE THOR 1811.

DIE RUINEN DES EHEMALIGEN BELVEDERE 1760–1814.

DIE DECORATION AN DER ELBBRÜCKE AM 18 JULI 1807.

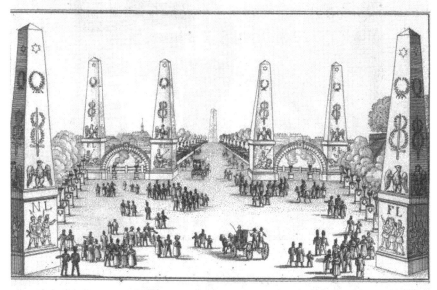

DIE DECORATION AN DER ELBBRÜCKE AM 18 MAY 1812.

Das ehemalige Pirnaische Thor im Jahr 1799.

DAS SEETHOR.

DAS EHEMALIGE WEISE THOR.

DER AUSFALL 1688.

DAS EHEMALIGE SCHWARZE THOR.

Das ehemalige schwarze Thor in Neustadt von der Seite der Hauptstrasse,
vor der Demolition.

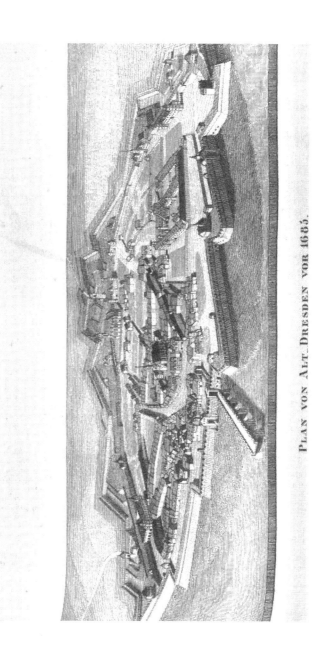

PLAN VON ALT DRESDEN VOR 1685.

Ansicht der Ruinen der Pirnaischen Vorstadt 1766.

DAS HOLLÄNDISCHE PALLAIS.

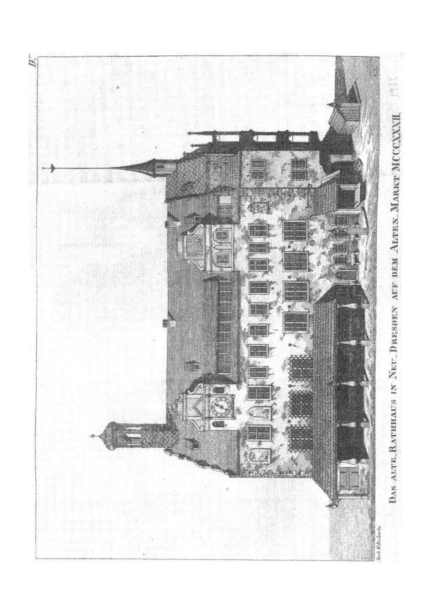

Das alte Rathhaus in Neu-Dresden auf dem Alten Markt MCCCXXII.

Markgraf Herrmann von Thüringen und   Markgraf Eckard von Thüringen und   Timo von
seine Gemalin Relegind.   seine Gemalin Uta.   Wettin.

OBERSÄCHSISCHE TRACHTEN IM XIII. JAHRHUNDERT.

Das alte Rathaus in Alt Dresden MDXXVIII.

THIERHETZE AUF DEN ALTMARKT 1609.

EHEMALIGE GEBÄUDE AUF DER KLAUSNÜSSE.

CAROUSSEL IM DRESDNER SCHLOSSHOFE 1609.

EHEMALIGER EINGANG IN DIE ALTSTADT DRSDEN,
von der Elbbrücke aus.

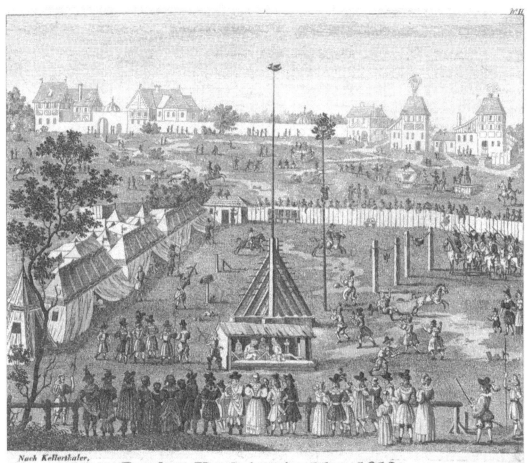

Nach Kellerthaler.

Dresdner Vogelwiese im Jahre **1612**.

SATURNUSFEST IM PLAUENSCHEN GRUND 1719.

THEATER IM GROSSEN GARTEN.

JOHANN GEORGE I LEICHENBEGÄNGNISS 1656.

DAS ALTE SCHLOSS DOHNA 1401

ANSICHT DER WÄLLE DER FESTUNG SONNENSTEIN,

aufgenommen an der Stadt Pirna.

DAS PIRNAISCHE THOR 1679.

ANSICHT DES WILSDRUFFER THORES.

ANSICHT DER RUINEN DER ALTEN KREUZKIRCHE 1765

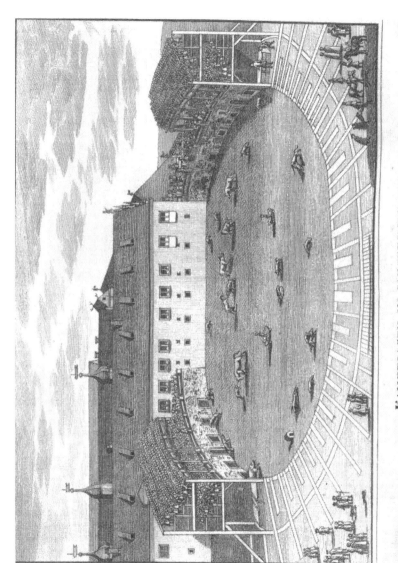

KAMPFJAGEN IM JAEGERHOFE. 1740.

Das kurfürstliche Reithaus in Dresden 1677.

DAS NYMPHENBAD IM ZWINGER 1741.

MORITZENS DENKMAL UNTER DEM HASENBERG. 1591.

DAMEN FEST 6ᵗᵉⁿ JUNI 1709.

DER GROSSE GARTEN 1719.

DER ZWINGER 1719

DAS FRAUMÜTTERHAUS 1817.

DAS EHEMALIGE AUSFALL THOR ZU DRESDEN.

DIE ALTE BEGRAEBNISZKIRCHE IN ALT- DRESDEN.

DAS SEETHOR 1748.

DAS BRÜHLSCHE LUSTHAUS AUF DER JUNGFERN BASTEI

a. von der Gartenseite.

b. Von der Elbe.

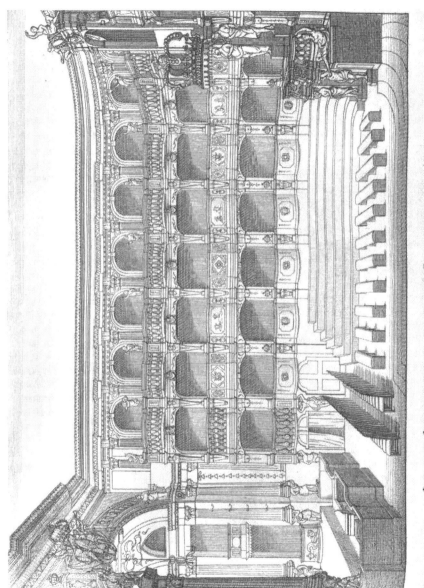

JNNERE ANSICHT DES GROSSEN OPERNHAUSES 1755.

ANSICHT DES ALTEN ZEUGHAUSES.

Ansicht der alten Festungswerke beim Ausfallthore v. J. 1747. nach Canaletto.

DAS EHEMALIGE RAMPISCHE THOR.

DAS ZEUGHAUS IM J. 1800.

Das Hoftheater im Jahr 1784.

DIE SOPHIENKIRCHE IM J. 1830.

INNERE HALLE DES EHEMALIGEN PIRNAISCHEN THORES.

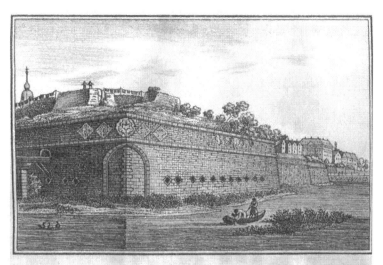

DIE EHEMALIGE JUPITER BASTEI 1821.

DIE EHEMALIGE KREUZPFORTE 1550.

RUINE DER DRESDNER ELBBRÜCKE AM 19 MÄRZ 1813.

DIE DRESDN. ELBBRÜCKE NACH DER EXPLOSION IM MAY 1813.

DIE KREUZKIRCHE VOR DEM BRANDE 1669.

Das Moritzmonument im Jahr 1811.

Das ehemalige im Zwinger gestandene Opernhaus 1748.

DAS LÖWENHAUS.

DIE ZWINGER BRÜCKE.

DAS EHEMALIGE FRAUENTHOR

Der Zwinger 1722.

RÜSTUNG DES CHURFÜRSTEN CHRISTIAN II.

Copie einer ponzirten vergoldeten Kupferplatte von D. Conrad 1671.